UN PALAIS

DE JOIE

© 2020, Gracia Massam
graciamassam@outlook.com

©2020, Lordson Éditions
lordsoneditions@gmail.com

ISBN: 9798643593492

Gracia Massam

UN PALAIS
DE JOIE

Pour une restauration continue de l'âme

(L)
LORDSON ÉDITIONS

Je dédie ce livre à ….

Jésus-Christ, mon amour éternel et la raison
pour laquelle j'écris

Armel et Eulodie Massam, mes parents bien-
aimés. Sans votre ADN, je ne serais pas une
Massam

Mey, Ylane et Keren, mes trésors qui me
rappellent chaque jour que je ne suis plus
assez jeune…

Claudia, mon amour d'amie

Carole, ma partenaire de prière

REMERCIEMENTS

C'est avec un cœur reconnaissant que je dis MERCI à toutes les personnes qui ont contribué de près comme de loin à la réalisation de ce livre

Un merci particulier à :

-José & Huguette Bro, mes parents spirituels qui sont une source d'inspiration pour moi.

-Jean-Jacques Sié, le coach par excellence.

-Aurélie Nseme, qui m'a redonné le goût d'écrire.

-Priscille et Hanna, pour leurs prières, leur accompagnement et leur soutien.

-Nadine, qui m'a mise au défi.

-Aurélia, qui m'a changé les idées par sa présence dynamique.

Enfin…Merci à vous chers lecteurs: vous êtes l'essence de ce projet.

SOMMAIRE

PRÉFACE

Titulaire d'un baccalauréat ès sciences, Gracia s'est spécialisée en sociologie et a obtenu un certificat en criminologie de l'Université de Montréal. Elle poursuit des études supérieures en travail social à l'Université du Québec à Montréal. Elle exerce aussi en tant qu'intervenante psychosociale en milieu familial.

Se sentant très concernée par les problèmes de santé mentale tels que la dépression, le trouble anxieux etc., Gracia a décidé de partager, au travers de ce livre, l'œuvre de restauration que le Seigneur Jésus-Christ a accomplie dans sa vie.

Ce livre est un cocktail: témoignage personnel, connaissances en sciences sociales et psychologiques, et révélations bibliques! Vous serez éclairés sur les causes et les conséquences des maladies de l'âme, aujourd'hui associées à des maladies mentales.

C'est avec beaucoup de compassion que Gracia y adresse ces problèmes souvent méconnus et parfois ignorés.

Si vous vivez des souffrances intérieures et que vous vous sentez incompris par vos proches, ce livre vous redonnera l'espoir de vous en sortir. Page après page, vous recevrez des outils pratiques pour y arriver.

Apocalypse 12:12 : « Ils l'ont vaincu à cause du sang de l'agneau et à cause de la parole de leur témoignage [...] »

«Un palais de joie!» transporte la puissance d'un témoignage de guérison de l'âme. Au travers de ces lignes, vous est communiquée la grâce de guérir des blessures de votre âme. La lecture de ce livre vous équipe afin d'être une source de bénédiction pour la restauration des cœurs brisés.

Claudia Hodonou

INTRODUCTION

Chez l'être humain, la structure cérébrale peut être divisée en trois parties afin de mieux comprendre son fonctionnement.

La première partie est le cerveau primaire: il se charge de nos besoins élémentaires tels que manger, boire, dormir, etc. La deuxième partie, le cerveau émotionnel: il s'est développé depuis que l'Homme s'est mis à vivre en société; c'est dans cette partie que naissent les pulsions, les peurs et les complexes. Enfin, la troisième partie est constituée du cerveau rationnel: ce dernier conduit l'humain à penser, à réfléchir et à acquérir des connaissances.

Je m'intéresse particulièrement au cerveau émotionnel, plus spécifiquement à l'âme de l'être humain. Ce principe vital et spirituel qui anime le corps des êtres humains regorge de nombreux trésors. Autant l'âme nous connecte à des émotions telles que la joie, la paix, etc., autant elle nous fait ressentir des émotions comme la peur, le rejet, la tristesse, la colère…Une chose est certaine: l'âme est le siège des émotions et des sentiments.

Il est donc important de la chérir, de la cajoler, mais également de la discipliner afin qu'elle soit prospère!

Mais comment? En identifiant les situations qui font mal à votre âme et qui vous empêchent d'avoir une vie florissante.

De ce fait, mon objectif en écrivant ce livre est de vous aider à prendre soin de ce trésor. Si vous avez été ou si vous êtes victimes de rejet, j'aimerais vous aider à guérir émotionnellement. Je crois à la guérison divine et à une restauration complète de notre être intérieur. Je crois que chaque personne sur cette terre mérite d'expérimenter une joie continue malgré les vicissitudes de la vie. Bien que ce livre soit essentiellement adressé aux femmes victimes de rejet et dont l'âme est brisée par les souffrances de la vie, sachez chers messieurs que vous êtes les bienvenus dans mon salon !

Alors, chers lecteurs et chères lectrices, qu'au travers de ce livre vous puissiez redécouvrir les trésors cachés de votre âme. Réalisez que vous venez de loin, mais réalisez également que vous allez loin.

Bonne lecture !

CHAPITRE 1

Et s'il vous manquait quelque chose?

« L'identité, c'est la couleur d'une personne, sa définition dans le monde et dans l'histoire. »
Dr. Gilles Julien

Lors de ma première année de baccalauréat (licence), j'ai vécu diverses mésaventures cocasses dont celle-ci.

Un jour, durant un examen, mon correcteur liquide (vous savez, ce liquide blanc qui vous permet d'effacer vos erreurs) est fini. Je ne pouvais pas en demander à ma voisine car il était strictement interdit de se parler entre étudiants afin d'éviter les tricheries. J'étais coincée et mal à l'aise car je savais que j'allais remettre une copie digne d'un brouillon. Il me manquait quelque chose de capital, un objet qui de prime à bord peut sembler banal, mais ô combien utile en cette période d'examen! J'ai donc commencé à culpabiliser, me demandant sans cesse comment est-ce que j'ai pu oublier de mettre un deuxième correcteur liquide dans ma trousse scolaire. La pensée de « j'aurais dû » s'est mise à envahir mon esprit. J'ai alors eu l'idée d'écrire une petite note à l'intention du professeur afin de m'excuser pour le surplus de gribouillage…

« Monsieur x, désolée pour le manque de clarté de ma copie: je n'ai plus de correcteur liquide. Merci de votre compréhension! »

Cette petite histoire m'a fait réaliser que le manque d'un objet ou d'un bien peut générer un malaise. Bien souvent, ce n'est que plus tard que nous réalisons qu'il nous manquait quelque chose.

Les praticiens des sciences humaines se sont penchés sur la question et en sont arrivés à la conclusion que tout être humain a des besoins, et lorsque ces derniers ne sont pas comblés, il y a ce sentiment de manque qui perdure en lui.

Les psychologues ainsi que les travailleurs sociaux se réfèrent, de temps à autre, à la pyramide de Maslow afin d'identifier les carences chez un individu.

La pyramide de Maslow

De son nom original "La Pyramide des besoins", elle est une théorie élaborée dans les années 1940 par le psychologue Abraham Maslow. Cette théorie stipule que les motivations d'une personne résultent de l'insatisfaction de certains de ses besoins. Autrement dit, ce qui va pousser une personne à poser un acte ou faire une action découle de l'insatisfaction de ses besoins. Maslow présente une hiérarchie de 5 besoins. Selon sa théorie, un individu ne peut se préoccuper de sa sécurité (besoin numéro 2) si ses besoins physiologiques ne sont pas préalablement satisfaits (besoin numéro 1).

Cette pyramide se présente comme suit:[1]

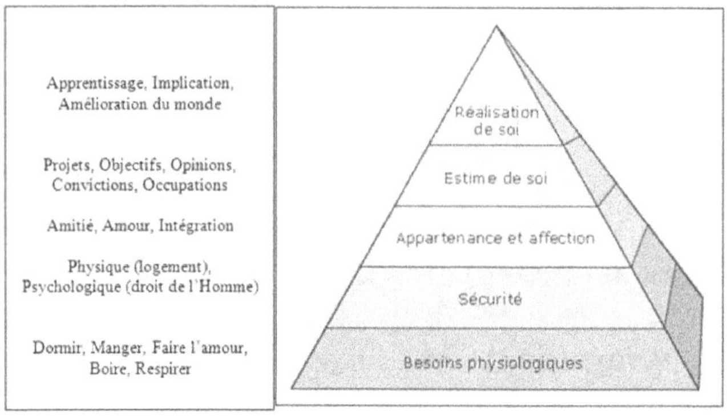

Au bas de la pyramide, nous voyons que chaque être humain a des **besoins physiologiques** qui doivent être comblés afin que sa vie soit satisfaisante. Il a besoin de dormir, de se nourrir, de respirer, de se vêtir… Par la suite, nous avons la **sécurité** dont toute personne devrait bénéficier, à savoir la sécurité physique (exemple: avoir un logement) et la sécurité psychologique (exemple: les droits de l'Homme). Puis,

---

[1] Josselin (2007, 06 août). *La pyramide de Maslow : obtenir ce que l'on veut avec la loi d'attraction.* Réussite Personnelle. **https://www.reussite-personnelle.fr/pyramide-de-maslow-obtenir-lon-veut-loi-dattraction/**

Maslow poursuit avec **l'appartenance et l'affection** selon lesquelles chaque individu a un besoin de reconnaissance: besoin d'aimer et d'être aimé. Ensuite, il y a **l'estime de soi** qui implique la nécessité pour l'individu de réaliser des projets, d'atteindre des objectifs, d'avoir des convictions. Enfin, nous avons la **réalisation de soi**: à ce stade, l'être humain ressent le besoin d'améliorer le monde, de s'impliquer et d'apprendre.

Lorsque ses besoins ne sont pas comblés ou lorsqu'ils sont mal comblés, l'être humain peut développer une carence et cela impacte grandement sa vie à l'âge adulte. Le pédiatre Gilles Julien, de la fondation *La pédiatrie sociale en communauté,* a produit plusieurs écrits sur le développement de l'être humain, plus spécifiquement sur celui de l'enfant. Sur le portail de sa fondation, nous pouvons voir ce schéma qui résume les besoins de l'enfant:

Les besoins des enfants en pédiatrie sociale

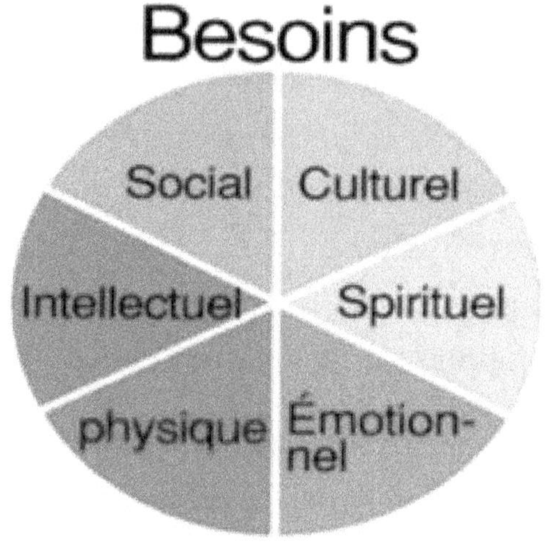

[2]

Dr. Julien spécifie que « les besoins des enfants sont faits d'un ensemble d'éléments de nature physique, sociale, intellectuelle, émotionnelle et spirituelle liés à l'enfant et à son environnement, dont la somme représente sa santé et son bien-être ».

---

[2] Pédiatrie social en communauté (s.d.). *Besoins des enfants.* https://pediatriesociale.fondationdrjulien.org/apropos/la-pediatrie-sociale/que-fait-la-pediatrie-sociale-en-communaute/

Regardons de plus près ces besoins

Besoins physiques: l'enfant a besoin de se sentir bien dans son corps et d'évoluer dans un environnement sain afin de croître et de développer son plein potentiel.

Besoins émotionnels: l'enfant a besoin de se sentir aimé, valorisé, estimé, respecté, ancré et attaché à une famille et à une communauté.

Besoins intellectuels: l'enfant a besoin de développer ses capacités intellectuelles pour comprendre le monde dans lequel il évolue et pour s'accomplir dans la vie.

Besoins sociaux: l'enfant a besoin d'établir des relations de confiance avec ses proches et d'avoir des interactions positives avec autrui afin de bâtir un réseau sur lequel il peut compter.

Besoins culturels: l'enfant a besoin d'avoir une appartenance culturelle, une identité, une langue et des valeurs.

Besoins spirituels: L'enfant a besoin d'avoir

ou de donner un sens à sa vie.[3]

Tout comme les besoins fondamentaux de chaque être humain vus plus haut (voir la pyramide de Maslow ci-dessus), il arrive malheureusement que les besoins de l'enfant ne soient pas comblés. Par inadvertance ou par manque d'éducation, certains parents n'arrivent pas à répondre de manière adéquate aux besoins de leurs enfants.

Et s'il vous manquait quelque chose? Qu'est-ce que ce serait?

Ne me répondez surtout pas à voix haute, je ne peux vous entendre…

Néanmoins, prenez une seconde pour réfléchir à cette question. Serait-ce un correcteur liquide lors de vos examens? Un stylo? Des parents biologiques? Un amoureux ou une amoureuse? Des enfants? De quoi manger? La présence de Dieu?

Comme je l'ai déjà mentionné, lorsqu'il y a des carences dans la vie d'un individu, cela affecte

---

[3] *Ibid.*

son développement et influence grandement sa trajectoire de vie. Effectivement, le manque peut amener une personne à choisir la facilité plutôt que le travail acharné, à se détourner de sa destinée plutôt que de l'accomplir. Dans le cadre de ma profession, j'ai déjà eu à rencontrer des femmes ayant fait le choix de se prostituer parce qu'elles ne voulaient pas rester dans la pauvreté. Le manque d'argent les a poussées à vendre leur corps afin de « vivre mieux ». Or, ce choix qui semblait être « la meilleure des décisions » a eu non seulement des conséquences sur leur corps (transmission du VIH par exemple), mais également sur leur santé mentale. À cause du manque des besoins fondamentaux tels que le besoin de sécurité matérielle (dans le cas de ces femmes), la majorité d'entre elles ont développé des maladies de l'âme.

CHAPITRE 2

Les maladies liées au manque des besoins fondamentaux

« Mon peuple est détruit, parce qu'il lui manque la connaissance » Osée 4 :6

La situation des prostituées que je viens de décrire n'est pas un cas unique. En effet, plusieurs personnes, suite à une carence, développent des maladies de l'âme dont par exemple l'insatisfaction chronique, le perfectionnisme, le sentiment de rejet, la tristesse récurrente et la dépression.

Dans ma vie, j'ai vécu plusieurs situations de manque (le manque de nourriture, le manque d'amour, l'absence de mes parents, le manque de respect, etc.) qui m'ont conduite aux maladies de l'âme citées ci-dessus. Le manque de toutes ces choses a failli me détourner de ma destinée. Je savais que quelque chose n'allait pas dans ma vie, mais j'ignorais les actions qu'il fallait poser afin d'améliorer ma situation. Ce faisant, je vivais sur la base *d'essai-erreur:* si je réussissais une chose, je m'exclamais *« quelle chance! »* et si j'échouais, je me disais *« ah bah dis donc! »*. Malheureusement pour moi, le nombre des *« ah bah dis donc! »* était plus élevé que les *« quelle chance! »*. De ce fait, je suis restée longtemps dans l'insatisfaction.

L'insatisfaction chronique

L'insatisfaction chronique est l'une des conséquences du manque de sécurité, de confiance en soi, d'amour, etc. Elle a peu de rapport avec ce que l'on possède. Ses racines sont beaucoup plus profondes, car l'insatisfaction chronique désigne un mécontentement face à une situation ou une condition. Il s'agit d'une forme de critique intérieure où la personne insatisfaite se dénigre elle-même. Face à cette insatisfaction, deux réactions sont possibles: la résignation ou la recherche du changement.

Certaines personnes feront le choix de rester insatisfaites, ce qui entraînera un mal-être intérieur qui les conduira à chercher à combler ce vide soit par la consommation de drogue ou d'alcool, soit par le changement de différents partenaires ou par l'achat compulsif. Or, un vide intérieur qui n'est pas rempli amène toute personne à être en perpétuelle quête d'un sens à sa vie.

De l'autre côté, il y a ceux qui chercheront à changer leur situation. Les discours sociaux nous renvoient des messages du genre: « *si vous n'aimez pas votre vie, changez-là!* » Ainsi, on se retrouve avec des personnes qui vont faire des régimes drastiques pour changer un corps qu'elles n'apprécient pas, des personnes qui vont s'inscrire dans des programmes de développement personnel pour changer leur manière de penser. Ces choses peuvent apporter des résultats concrets, mais le sentiment de vide persiste parce que les gens ne mettent pas encore les mots sur leurs maux. Tout au long de ma vie, j'ai toujours ressenti ce vide-là. L'insatisfaction dont je vous parle, je l'ai ressentie pendant des années. J'avais l'impression que peu importe ce que je faisais, je n'étais pas en train de faire la bonne chose. Cela m'a amenée à rechercher la perfection dans toutes mes actions, croyant que cela arrangerait forcément les choses.

Le perfectionnisme

Un jour, je devais remettre un travail de fin de session d'une dizaine de pages. Dans l'ensemble, j'étais satisfaite du contenu, mais pas de la forme. J'ai alors commencé à faire des recherches sur *comment améliorer la forme de son travail (vocabulaire, mise en page etc.)* Et vu l'intelligence du logiciel *Google,* j'ai eu plusieurs résultats et j'ai commencé à les parcourir un à un… Peu à peu, la nuit tomba, mais Gracia ne dormit point ! Elle tenait à rendre un travail parfait…

Le perfectionnisme conduit à rechercher, de manière excessive, la perfection dans sa scolarité, dans son milieu professionnel, au sein de sa famille, dans ses relations amicales et amoureuses et même dans sa communauté. Le perfectionnisme peut rendre une personne rigide et difficile à vivre pour son entourage. Pour ma part, ce côté perfectionniste transparaissait en premier lieu dans mon milieu professionnel. Dans mon travail, j'étais souvent celle qui ne disait jamais non. Lorsque l'on me demandait de faire des heures supplémentaires, je refusais rarement car je me disais que si je donnais le meilleur de moi-même, alors mon employeur verrait ma valeur, il reconnaîtrait que je suis *« quelqu'un »*. Le travail était devenu pour moi un moyen de me valoriser, de donner un sens à ma vie. Je me donnais tellement à fond que j'enchaînais études à temps plein et travail à temps plein. Mais un jour, mon corps m'a dit *« stop! »*. J'ai commencé à accumuler une fatigue physique, mais aussi morale. Mon âme commençait à être frustrée de voir que tous mes efforts pour être une bonne employée ne donnaient pas le résultat escompté. Je m'attendais à une reconnaissance, à ce que l'on dise de moi « *wow une chance que tu existes ! bravo pour ton beau travail* ». Mais elle ne venait pas.

Ce perfectionnisme se manifestait également à l'école où je faisais régulièrement de l'anxiété de performance. Je voulais absolument avoir que des A et quand cela n'arrivait pas (car oui, il y avait certains cours plus difficiles que d'autres où je finissais avec des B+), je devenais très anxieuse et je manquais de paix. Mon âme était blessée de constater que mes efforts créaient de la résistance.

En février 2019, j'ai perdu mon emploi que j'aimais tant et pour lequel je m'étais donné corps et âme. Ma directrice m'avait convoquée dans son bureau, pour me dire que pour des raisons budgétaires, mon poste d'intervenante psychosociale a été coupé. Quand j'ai appris cette nouvelle, j'ai cru que le monde autour de moi s'effondrait. Quand bien même j'avais déjà accepté Jésus-Christ comme Seigneur et Sauveur de ma vie, à l'instant précis, j'avais l'impression de tout avoir perdu. Mille et une questions trottinaient dans ma tête:
« Seigneur Pourquoi? Ai-je donc fait tout cela pour rien? Comment vais-je faire pour payer ma session? Je ne peux pas rester sans emploi! Mon Dieu aide-moi! »

Alors que je me posais toutes ces questions, mon esprit était en paix, car il se rappelait de la promesse faite dans Philippiens 4:6:
« Ne vous inquiétez de rien; mais en toute chose faites connaître vos besoins à Dieu par des prières et des supplications, avec des actions de grâces »

Mais mon âme était troublée, à tel point que cette promesse de Dieu, à cet instant précis ne faisait plus sens pour ma vie. La recherche de la perfection qui m'habitait m'a poussée à faire au-delà de ce que mon corps pouvait tolérer! Oui! Car étudier à temps plein et travailler à temps plein est très demandant pour le corps! Êtes-vous dans cette situation ou connaissez-vous une personne qui est dans cette situation? Si oui, vous vous dites que votre travail est tout pour vous, c'est votre valorisation et votre seul appui? Mais laissez-moi vous dire, que *Jésus-Christ est le rémunérateur de ceux qui le cherche* (Hébreux 11:6). C'est en étant au chômage que la promesse de Philippiens 4:6 a pris sens dans ma vie, car pendant cette période douloureuse, j'ai goûté à la fidélité de Dieu et mon palais n'a plus jamais oublié ce goût. C'est avec mon travail actuel, que je comprends le sens même du verset d'Hébreux 11:6. Dieu est votre rémunérateur; votre emploi n'est qu'un canal par lequel Dieu passe pour vous bénir, alors prenez courage, car votre valeur se trouve en Christ!

Le sentiment de rejet

Je me remémore que lors d'une soirée hivernale, j'avais fait le choix de rester à la maison bien au chaud, devant un film romantique *(tellement cliché!)*. Dans l'histoire d'amour, la jeune femme et le jeune homme étaient fous amoureux l'un de l'autre. Mais, le jeune homme avait des conflits au sein de sa famille et donc il était disant, *« émotionnellement indisponible »* pour remplir le réservoir affectif de la jeune femme. Alors, cette dernière s'est sentie rejetée par ce dernier. Quand bien même tout s'est bien terminé *(c'est Hollywood après tout!)*, cette histoire sur le rejet m'a fait prendre conscience que ce sentiment est un poison pour l'âme.

La notion de rejet renvoie à un sentiment de ne pas être désiré, c'est l'impression que, malgré ton désir d'être aimé, personne ne t'aime. Ou encore, c'est lorsque l'on désire s'intégrer dans un groupe et que l'on s'en sent exclu[4]. Tu l'aurais compris, le sentiment de rejet naît dans différentes circonstances de la vie. Le Pasteur Français, Jean-Claude Buis, explique dans une de ses publications sur la plateforme d'EMCI TV, que le moindre petit rejet peut devenir une occasion pour empoisonner une vie.

Ainsi, une grossesse non désirée, un avortement tenté ou même seulement pensé, le refus du sexe de l'enfant (un garçon à la place d'une fille ou une fille à la place d'un garçon), une agression sexuelle, une maltraitance verbale, le refus d'un enfant né avec un handicap intellectuel ou physique, une comparaison défavorable entre des frères et des sœurs ou encore l'abandon sont des

---

[4] Derek, PRINCE. (2000). *La croix, incontournable!* Derek Prince Ministries. **https://derekprince.fr/wp-content/uploads/2015/04/La-croix-incontournable-EBOOK.pdf**

situations qui peuvent générer un sentiment de rejet.[5]

Les écrits sur le développement de l'enfant démontrent que durant la petite enfance, les relations entre les pairs sont essentielles à l'adaptation psychosociale pendant cette période et même au-delà, c'est-à-dire à l'âge adulte. Elles jouent un rôle important dans le développement des enfants, car elles les aident à maîtriser de nouvelles habiletés sociales et à se familiariser avec les normes et les processus sociaux impliqués dans les relations interpersonnelles.[6]

En grandissant, j'étais une enfant très timide et réservée. Je n'osais pas souvent donner mon opinion et je souffrais d'un complexe d'infériorité. Déjà que j'avais le sentiment de n'être acceptée nulle part, il fallait aussi que je

---

[5] Jean- Claude, BUIS. (s.d.). *3 éléments qui nous empêchent d'avoir des relations vraies* . EMCI TV. **https://emcitv.com/jean-claude-buis/texte/le-rejet-1913.html**

[6] Encyclopédie sur le développement des jeunes enfants (2015). *Relations entre pairs*. **http://www.enfant-encyclopedie.com/sites/default/files/dossiers-complets/fr/relations-entre-pairs.pdf**

fasse de l'acné. Effectivement, depuis l'âge de 11 ans, j'ai des problèmes de peau et cela aussi a été une source de souffrance et de désespoir, car ce n'est que récemment (à l'âge de 26 ans) que j'ai commencé à voir la main de Dieu sur mon visage! Vous me direz *« oh mais ce n'est rien les boutons, ils finissent toujours par disparaitre »*, je vous l'accorde! Mais quand ton âme est déjà blessée par les circonstances de la vie, la moindre petite chose te rend vulnérable. C'est comme avoir une plaie non cicatrisée exposée à la pollution! Bonjour les dégâts!

Alors oui, mes problèmes de peau contribuaient à augmenter le sentiment de rejet et d'infériorité. Parce que je ne me trouvais pas jolie et que je ne me sentais pas aimée, je m'isolais des autres enfants. À cause de cela, je n'ai pas réussi à me faire des amis aux primaires. Ce n'est qu'en secondaire 1 que j'y suis parvenue. Plus je prenais de l'âge et plus je commençais à m'ouvrir un peu plus et à me faire de plus en plus d'amis. Mais j'étais malheureuse au fond de moi, car encore une fois, le sentiment de rejet ne me quittait pas. J'en faisais toujours plus dans mes relations; je donnais avec facilité à autrui et j'essayais de me faire accepter par eux. Cependant, j'avais toujours ce vide, ce sentiment que peu importe ce que je faisais pour les autres, cela ne m'était jamais retourné, du moins pas comme je le voulais. Oui, j'étais aimée de mes parents, mais vu que ces derniers n'étaient pas de nature affectueuse, ce n'était pas dans leurs habitudes de nous témoigner leur amour (comme par exemple nous prendre dans leurs bras et nous dire *« je t'aime »*). Ce qui a contribué à laisser un grand vide émotionnel en moi. Néanmoins, je savais que l'amour de mes parents était présent et que je pouvais toujours compter sur eux. Malgré cette conviction, il me manquait toujours quelque chose, une joie sans failles. En 2014, une personne m'avait prêché l'évangile et elle m'avait dit une phrase qui, jusqu'à aujourd'hui, m'impressionne. Elle m'avait dit que si je donnais ma vie à Jésus, si j'acceptais de faire de lui mon Seigneur et Sauveur, alors je ne serais plus jamais malheureuse. J'ai cru en cette parole; je voulais être heureuse. C'était le désir de mon cœur; mon cri, c'était d'être aimée. Cela tombait bien, puisque Dieu est la définition parfaite de l'amour. C'est donc à l'âge de 21 ans que j'ai donné ma vie à Christ. J'ai accepté de croire en cette promesse:

« Tu m'as montré les chemins qui conduisent à la vie, tu me rempliras de joie par ta présence » Actes des Apôtres 2:28

Le début de ma marche avec Christ fut difficile. Peu à peu, certaines personnes avaient commencé à s'éloigner de moi. J'ai subi des moqueries parce qu'elles ne comprenaient pas mon choix de choisir enfin la sanctification.

J'avais ma famille et Dieu, mais je me sentais seule. Mon âme se remplissait d'amertume, car depuis que j'avais donné ma vie à Christ, ma vie n'était qu'épreuve sur épreuve. À force de recevoir des moqueries et de perdre des amies, mon âme s'est remplie d'amertume et de tristesse.

La tristesse chronique et la dépression

Avant d'être intervenante auprès des familles dont les enfants ont des enjeux au niveau de leur développement (TDAH, TSA, DI etc.), j'intervenais auprès des hommes et des femmes en situation d'itinérance. Un jour, un homme est venu dans le centre où je travaillais et a commencé à me parler de ses problèmes de dépression. J'étais remplie de compassion et d'empathie pour lui, car je comprenais PARFAITEMENT ce qu'il vivait. Oui, je pouvais ressentir sa douleur et son désespoir, car j'étais moi-même en *«dépression»*. Étant quand même bien familiarisée avec les troubles mentaux, je reconnaissais les symptômes: pertes d'appétit, perte d'intérêt pour quoi que ce soit, idée suicidaire, tristesse chronique etc.

Malgré le fait que j'étais née de nouveau, mon âme était remplie d'amertume et de tristesse à cause de tout ce que j'avais vécu depuis l'enfance jusqu'à l'âge adulte. Je servais dans mon église et ma vie spirituelle n'allait pas trop mal: par moments, je ressentais la présence de Dieu lorsque je priais, souvent non; et cela ne semblait pas trop m'affecter, car je m'étais résolue à avoir une vie banale, même étant en Christ. Ma souffrance était tellement interne que personne n'entendait le cri de mon cœur; jusqu'à ce qu'une nuit, je reste dans mon lit et que je pleure à chaudes larmes dans une obscurité totale. Je me demandais à quoi bon vivre si c'était pour souffrir? Et je n'osais pas me l'avouer, mais j'en voulais un peu à Dieu de permette ces situations. Je savais qu'Il avait la capacité de tout changer en une fraction de seconde, mais étant donné qu'il ne le faisait pas, j'étais découragée et cela touchait ma foi aussi. J'avais perdu le zèle dans la présence de Dieu et je priais plus par nécessité que par amour de communion avec mon créateur.

Je n'avais pas reçu le diagnostic d'une psychologue ou d'un psychiatre, mais je savais que j'étais dépressive. Je savais que j'étais en train de me perdre, car mon seul désir était que Dieu précipite l'enlèvement pour que j'aille au ciel avec lui! Étant donné que je savais que c'était peu probable que cela arrive d'aussi tôt, j'ai commencé à faire des recherches sur « *Comment se suicider sans souffrir*». Et *monsieur Google,* plein d'intelligence, m'a montré une stratégie: jeûner pendant 40 jours sans manger ni boire. Or, le corps ne peut survivre au-delà de 3 jours sans boire et au-delà de 30 jours sans manger…

Oui, mon âme était malade et je n'ai pas vu la descente venir.

Vous qui me lisez, vous retrouvez-vous dans cette situation? Êtes-vous insatisfaits(es) de votre vie et ressentez-vous un vide intérieur mais vous ne savez quoi faire? Si c'est le cas, sachez que ce que je viens d'expliquer, ne nait pas du hasard. Il y a trois choses qui peuvent expliquer ces états d'âmes.

CHAPITRE 3

C'est dû à quoi?

« Les grands capitaines se forgent dans les mers difficiles à naviguer et les eaux profondes.»
Kathryn Kuhlman

Les enfants non désirés

L'été passé, je faisais du suivi individuel auprès d'une jeune fille de 12 ans qui faisait de l'anxiété. Elle avait peur de perdre sa mère et faisait souvent des scénarios catastrophiques. À l'aide d'une approche systémique (une approche qui consiste à évaluer tous les systèmes tels que l'école, la famille, le travail, la vie sociale, etc., entourant une personne), j'ai réalisé que son anxiété était de nature biologique. En effet, la mère de la jeune fille faisait de l'anxiété également. C'était donc une transmission mère-fille. Nous pouvons nous demander comment cela est possible, puisque ce n'est pas une maladie « physique », mais un état d'âme.

Alors j'ai poussé mes recherches plus loin et j'ai fait une découverte incroyable. Saviez-vous que de nombreux auteurs en sciences sociales (psychologie, psychoéducation, travail social etc.) ont étudié les causes des problèmes affectifs et psychosociaux chez certains individus?

Ils sont arrivés à la conclusion que le rejet de l'enfant par la mère est un facteur qui joue un rôle capital sur l'adaptation sociale d'un enfant. Cette notion de rejet, englobe le fait que la naissance d'un individu n'a pas été souhaitée.

Certaines croyances populaires tendent à croire qu'un enfant au stade de l'embryon n'est pas encore bien développé pour capter les émotions ainsi que les sentiments de la mère. Or, des études scientifiques démontrent que l'embryon s'imprègne de toute information transmise par la mère. S'inscrira alors en lui une mémoire émotionnelle qui le suivra durant toute sa vie. [7]

Dans une étude intitulée «Dans le ventre de sa mère, le fœtus associe sons et émotions», Alban Lemasson, enseignant et chercheur ainsi que Martine Hausberger, directrice au laboratoire CNRS, arrivent à la conclusion que le fœtus peut ressentir les émotions de sa mère. La raison expliquant cela est le fait que le fœtus est capable de ressentir et de percevoir tous les stimuli extérieurs: les stimuli artificiels comme la musique et les stimuli naturels tels que la voix de sa mère. Selon Lemasson et Hausberger, cette transmission de stimuli est possible grâce à une transmission « transnatale », à savoir du stade du fœtus au stade postnatal. Ainsi, le bébé est extrêmement réceptif au comportement de sa mère, à ses goûts et à ses émotions. [8]

---

[7] Nelly, SEVIN. (2014, 17 novembre). *Naître sans avoir été désiré.* Prévention santé. **https://www.prevention-sante.eu/psychologie/naitre-avoir-ete-desire**

[8] Laurence, PERNOUD. (s.d.). *In utero, le fœtus se développe en lien avec les émotions de sa mère.* **https://www.laurencepernoud.com/grossesse/psychologie-femme-enceinte/in-utero-foetus-se-developpe-en-lien-avec-emotions-sa-mere.html#**

Comme le dirait Aristote, «tant qu'il est en formation, l'embryon est un être humain en puissance, et il n'est en acte que lorsqu'il est formé et achevé». Ainsi, même au stade de l'embryon, l'enfant peut sentir s'il est désiré ou pas. Dans le cas d'une grossesse non désirée, ce dernier viendra au monde avec un sentiment de rejet. Mon père spirituel, le Pasteur José Bro, expliquait dans un de ses enseignements sur l'âme que l'atmosphère autour de la conception crée déjà une partie de notre caractère. Si l'environnement dans lequel est conçu un enfant est empreint de colère, de frustration et de pleurs, il est fort probable que l'enfant naisse avec un caractère difficile. L'inverse est aussi vrai, s'il a été conçu dans un environnement rempli d'amour et de joie, l'enfant sera un « bébé facile ».

Cette réalité spirituelle s'allie aux résultats scientifiques qui démontrent que l'embryon est sensible à tout ce qui se passe autour de lui. Dans le cas des enfants non désirés, le bébé ressent qu'il n'a pas été souhaité et cela devient une source de souffrance pour lui lorsqu'il naît et grandit. Cela a été mon cas, car je suis ce que l'on peut qualifier « d'enfant non désiré». Non pas que mes parents ne voulaient pas de moi, mais mes parents ne m'avaient pas programmée. Ma mère est tombée enceinte de moi à seize ans et ce fut un moment, j'ose le croire, difficile pour elle à cette époque. Elle n'était qu'une adolescente qui aspirait à autre chose que de devenir maman très tôt. Mon père quant à lui, c'était un jeune homme de vingt ans, plein d'ambition. Mais l'arrivée d'un enfant ne faisait pas partie de ses plans…ne faisait pas partie de leurs plans. Alors sans le savoir, j'ai trainé ce poids d'enfant non prévu, ce poids de grossesse accidentelle toute ma vie.

Le but de cette information n'est pas de créer un sentiment de culpabilité chez les mères qui n'ont pas souhaité être enceinte, mais de sensibiliser chacun d'entre nous sur le fait que les circonstances de notre conception ont des impacts sur notre vie adulte. Lorsque nous comprenons que l'atmosphère lors de la conception est responsable d'une partie de notre caractère, il nous est plus facile de prendre des précautions. Mais si comme moi, votre grossesse n'a pas été souhaitée, laissez-moi vous dire qu'il n'est pas trop tard. Dieu est celui qui restaure toute chose, et c'est à votre tour d'être restauré.

Les violences sexuelles

En automne 2018, j'ai eu une conversation fort enrichissante avec une collègue qui a un baccalauréat en sexologie. Nous parlions du fait que plusieurs personnes (hommes et femmes) vivent des abus physiques mais restent sous silence. Travaillant auprès des personnes victimes d'agressions sexuelles, elle m'a informée qu'il existe différents types d'abus et que le viol (avec pénétration) n'est pas la seule forme d'abus condamné par la loi. J'étais surprise par cette information, choquée de savoir qu'exposer un mineur à un film pornographique ou à la masturbation était également une forme d'abus. Certes, j'étais consciente que c'était mal de faire une telle chose, mais je n'étais pas au courant de l'ampleur juridique que cela pouvait prendre. J'ai rendu grâce à Dieu ce jour-là pour cette connaissance nouvelle, car elle ouvrait mes yeux sur des ténèbres que j'avais enfouies et il était temps pour moi d'y faire face et d'aller de l'avant.

Tu l'auras compris, les violences sexuelles sont aussi une cause qui crée des maladies de l'âme telles que le sentiment de rejet. L'agression sexuelle est un acte criminel condamné aux yeux de la loi. Elle se définit comme suit :

« Une agression sexuelle est un geste à caractère sexuel, **avec ou sans contact physique**, commis par un individu sans le consentement de la personne visée ou, dans certains cas, notamment dans celui des enfants, par une manipulation affective ou par du chantage. Il s'agit d'un acte visant à assujettir une autre personne à ses propres désirs par un abus de pouvoir, par l'utilisation de la force ou de la contrainte, ou sous la menace implicite ou explicite. Une agression sexuelle porte atteinte aux droits fondamentaux, notamment à l'intégrité physique et psychologique et à la sécurité de la personne »[9]

Les agressions sexuelles peuvent prendre différentes formes.

a) L'agression sexuelle avec ou sans pénétration qui consiste à violer une personne (agression avec pénétration) ou à faire des attouchements sexuels (agression sans pénétration) sur cette dernière. Cela implique des baisers à caractère sexuel et la masturbation. Les deux types d'agressions sont sanctionnés par la loi, car cela porte atteinte à la sécurité de la personne et à son intégrité.

b) Inceste: c'est toute activité sexuelle qui implique un ou une enfant et un adulte ayant un lien de responsabilité ou de figure parentale envers la personne agressée. L'agresseur peut être un parent, un frère, un grand-parent, un

---

[9] Institut national de santé publique. (2001-2019). *Trousse Média sur les agressions sexuelles* . **https://www.inspq.qc.ca/agression-sexuelle//les-agressions-sexuelles-de-quoi-parle-t-on**

oncle, un membre de la famille reconstitué, etc.[10]

c) Exposition à des images pornographiques qui implique le fait d'exposer une personne à un contenu pornographique non désiré.

d) Exhibitionnisme: Agression à caractère sexuel caractérisée par le fait d'exhiber ses organes génitaux avec l'intention de mettre dans l'embarras ou de faire peur[11]

e) Voyeurisme: Agression à caractère sexuel dont la principale caractéristique est de chercher à surprendre l'intimité d'une personne à son insu.[12]

f) Le harcèlement sexuel: toute avance

---

[10] Point d'appui, centre d'aide et de prévention des agressions à caractère sexuel (s.d.). *8 formes d'agressions à caractère sexuel.*
https://www.pointdappui.org/RadFiles/Documents/8_formes_d_agression s_sexuelles.pdf

[11] *Ibib.*

[12] i*bid*

d'ordre sexuel (blagues, regards, attouchements, gestes désobligeants non désirés) qui rend l'autre inconfortable ou mal à l'aise [13]

g) Appel obscène/Cyberprédation: Appel téléphonique qui vise à intimider la personne qui le reçoit par son contenu sexuel parfois violent et menaçant. Cela inclut également les textos et communications sur les réseaux sociaux. [14]

h) Exploitation sexuelle: Il s'agit de la pornographie, de la prostitution et du trafic sexuel. On parle de l'industrie du sexe sous différentes formes. Cela représente l'inégalité entre les partenaires et une culture qui encourage la violence. [15]

i) Mutilation génitale: Pratique qui

---

[13] *ibid*

[14] *ibid*

[15] *ibid*

consiste à procéder à l'ablation partielle ou totale des organes génitaux externes pour des raisons culturelles ou religieuses. Ex. : Excision, infibulation. [16]

Les personnes victimes en souffrent énormément car, cela a des conséquences néfastes sur la santé physique et psychologique des victimes. L'agression sexuelle développe chez la victime un fort sentiment de rejet, car c'est un acte dénoué d'amour qui consiste à rejeter la dignité de l'autre, l'amour-propre de l'autre. C'est ne pas estimer une personne à sa juste valeur. Elle développe aussi un fort sentiment de culpabilité, car la personne victime se reproche cette agression et met le blâme sur elle-même.

Comme je le disais au début, la conversation avec ma collègue m'avait servi de miroir. Elle m'a éclairée sur une chose que j'avais vécue étant enfant. J'ignorais la portée juridique de

____

[16] *ibib*

ces actes, mais je savais pertinemment que j'avais été souillée, déshonorée. En effet, j'ai été abusée sexuellement dans ma vie. La première fois, j'avais environ sept ans, et un proche de mon entourage m'a exposée à la masturbation. La seconde fois, fut environ à l'âge de huit ans; j'ai été victime d'attouchements sexuels et de masturbation par un adolescent de mon quartier âgé de quinze ans.

Je n'ai jamais osé en parler à mes parents, par honte et par peur que ces derniers ne culpabilisent. Car comme mentionné au début, mes parents m'ont eue très jeunes et cela a fait en sorte que je n'ai pas grandi avec eux. J'ai été confiée à d'autres membres de ma famille qui m'ont élevée. Les contacts avec mes parents étaient limités: je ne voyais ma mère que pendant les vacances et mon père, il y a eu un long temps de séparation parce qu'il n'était pas à Brazzaville, ma ville natale.

Alors je n'ai jamais pu me résoudre à en parler

parce que je me sentais souillée, sale et tellement déshonorée. J'ai grandi avec cette honte et cela m'a amenée à faire des mauvais choix, entraînant ainsi un dégoût de ma propre personne. Ce n'est qu'à l'âge adulte que j'ai réalisé que ces évènements m'avaient profondément marquée et avaient contribué au mal-être que je ressentais. L'une des conséquences de l'agression sexuelle, mise à part le sentiment de rejet, c'est la timidité. J'ai mentionné au début que j'étais très timide et réservée. Aux primaires, je n'avais pas réussi à me faire des amis parce que l'autrui m'effrayait.

La violence verbale

Je me rappelle qu'en 6ème année du primaire, un petit garçon était venu vers moi et m'a dit « *yark, té po belle toé!* » Bon, je ne me trouvais déjà pas jolie et je savais qu'à l'époque, j'étais une personne un peu bizarre, mais le « *yark* » était de trop. Alors, je suis allée pleurer dans les toilettes de mon école. J'avais juste onze ans, mais je me sentais comme une étrangère sur cette terre. Je ne comprenais pas pourquoi Dieu m'avait créée.

Entendre de manière perpétuelle ce genre de chose devient du harcèlement, un abus verbal. Cette violence verbale constitue une autre cause des blessures émotionnelles. Bien souvent, elle est prise à la légère, car contrairement à la violence physique qui laisse des traces apparentes (une rougeur, des plaies etc.), la violence psychologique elle, laisse des plaies à l'intérieur et personne ne les voit si ce n'est la victime. Les violences psychologique ne sont pas que «des mots», mais des injures, des insultes, des menaces, des dénigrements qui détruisent chaque jour la personne qui en est victime.

À force d'entendre continuellement des paroles blessantes telles que *«tu es bête, tu n'es pas jolie, tu ne vas jamais réussir, tu es stupide, tes parents ne voulaient pas de toi»*, à entendre des moqueries de la part des personnes qui étaient censées veiller sur moi et me protéger, j'ai fini par avoir le cœur brisé et à me voir comme toutes ces insultes me décrivaient.

Recevoir continuellement ce genre de parole quand on est enfant et que l'on vit loin de ses parents, c'est une énorme souffrance. Chaque fois que j'entendais ce genre de mots, j'avais envie de disparaître. Je me sentais comme un déchet que n'importe qui pouvait piétiner, écraser. Tous les évènements énumérés ci-haut ont contribué à faire de moi une femme qui, en grandissant, manquait terriblement de confiance en elle. Je ressentais constamment le besoin de plaire aux autres et d'avoir leur approbation.

J'étais également très vulnérable dans mes relations. Par peur d'être abandonnée, je me montrais souvent possessive et extrêmement jalouse. J'avais tellement un mal-être, que je suis tombée dans la dépression. Je passais plusieurs jours et nuits à pleurer sans forcément comprendre pourquoi j'étais ainsi. J'étais constamment susceptible et un rien me blessait à chaque fois. Mais, ma foi en Dieu et en Jésus-Christ m'a permis de me relever et d'aspirer à une santé émotionnelle.

CHAPITRE 4

Il y a une lumière au bout du tunnel

« Après avoir lu la Bible, j'ai compris que Dieu nous aime et nous accepte malgré toutes nos maladresses » Joyce Meyer

Tel que mentionné dans le chapitre précédent, c'est ma foi en Jésus-Christ qui m'a permis de me relever et de retrouver une vie épanouie. Je ne sais pas à quoi vous vous accrochez en ce moment ou qui est votre bouée de sauvetage, mais j'aimerais vous encourager à vous relever et à chercher Jésus-Christ, le Dieu qui sauve et qui restaure les âmes brisées.

Je repassais le film de toutes les situations vécues et cela était difficile. Quand bien-même je croyais en Dieu et que j'étais impliqué dans mon église, je trouvais injuste de vivre comme cela. Je trouvais injuste de sourire de l'extérieur quant à l'intérieur j'étais perdue, brisée. Mais, une rencontre viendra bouleverser ma vie et à partir de ce moment, j'ai compris que ma foi en Jésus ne suffisait pas pour être épanouie. Croire c'est bien, mais avoir une relation avec Dieu c'est encore mieux. C'est cette relation qui m'a permis d'être la femme épanouie que je suis maintenant. Dieu a transformé mes larmes de tristesses en des larmes d'allégresses. Mon âme est désormais un palais de joie et mon corps, un temple de louange. J'aime ce Dieu-là, et je veux, qu'au travers de ce témoignage, vous puissiez le connaître aussi ou le redécouvrir si vous le connaissez déjà. Je vous le promets: Il est merveilleux.

Comme je le disais, la relation avec Dieu m'a amenée à réaliser cinq étapes essentielles pour obtenir une guérison émotionnelle et devenir une personne épanouie. Ces étapes consistent à 1) reconnaître son état d'âme, 2) rééduquer son âme, 3) Mobiliser les ressources autour de soi 4) Persévérer dans le travail personnel et 5), redonner aux suivants.

Regardons ensemble ces solutions de plus près …

CHAPITRE 5

Reconnaître son état d'âme

Je viens de finir une série sur Netflix sur la santé mentale des patineuses artistiques. Le personnage principal, une jeune femme de 21 ans est patineuse professionnelle depuis son jeune âge et a un diagnostic de trouble bipolaire. Afin de garder une bonne image de sa personne, le personnage cache à son entourage, à l'exception de sa mère et de sa sœur, qu'elle est bipolaire. Un jour, tout s'écroule, la jeune femme tombe dans sa phase de manie et fait une crise devant tout le monde… Personne n'aurait imaginé que la patineuse talentueuse et exceptionnelle sur la glace était bipolaire. Après ce scandale, la jeune femme a reconnu sa souffrance, elle a reconnu qu'elle n'allait pas bien et a assumé sa maladie mentale. Cette série m'a amenée à réfléchir sur le processus de guérison.

J'ai réalisé que la première étape vers la guérison consiste premièrement à reconnaître son état, c'est-à-dire, reconnaître que l'on ne va pas bien. Nous évoluons dans une société qui représente la souffrance ou le mal-être comme une faiblesse. Ainsi, les personnes souffrantes se plongent dans un mutisme total, se disant intérieurement que « *si je parle, on dira que je suis faible.* » Or, le fait de se taire, consiste à faire grandir ce mal-être et les gens finissent par se suicider. Au Québec, on parle de trois décès par suicide et de 80 tentatives par jour.[17]

---

[17] Radio- Canada . (2019). *Toutes les 40 secondes, une personne met fin à ses jours, dit l'OMS.* **https://ici.radio-canada.ca/nouvelle/1292121/sante-suicide-prevention-strategies-oms**

C'est affligeant de voir qu'il y a 80 tentatives de suicide par jour. Les gens souffrent et n'osent pas en parler par peur de se faire juger. Mais comme mentionné plus haut, il est important, pour aller de l'avant, de reconnaître que nous avons besoin d'aide. Quand j'ai remarqué que j'avais perdu goût à la vie et que mon seul désir était d'y mettre fin, j'ai réalisé que je n'allais vraiment pas bien. J'ai reconnu que dans mon cœur, il manquait une chose.

Cela ne sert à rien de vivre dans le déni, de refuser l'évidence. Bien au contraire, il faut accepter que nous allons mal et une fois cette étape franchie, identifier les causes qui expliquent notre mal-être. Pour ma part, c'étaient une grossesse non désirée, une agression sexuelle et une violence psychologique qui avaient occasionné ce mal-être. Mais pour vous, quelle est cette chose qui vous blesse tant au point de vouloir vous enlever la vie? Quelle est cette circonstance qui vous brise au point de ne plus vouloir vous relever? Est-ce la maladie? Est-ce le viol? Est-ce l'infertilité?

Peu importe la cause de votre mal-être, ne restez pas sans rien faire: priez au-dedans de vous.

54

CHAPITRE 6

Rééduquer son âme

« Le travail de l'âme, est un travail volontaire »
José Bro

J e me rappelle qu'un jour, alors que tout semblait s'écrouler autour de moi, j'ai décidé de prendre un rendez-vous avec mon Pasteur. Je lui ai fait part de ce que je vivais et de comment je me sentais. Je m'attendais à ce qu'il prie pour moi et qu'il m'encourage à persévérer dans ma foi chrétienne. Cependant, les choses ne se sont pas passées ainsi. Il m'a fait faire un exercice qui consistait à écrire sur un papier ce que le mot « Dieu » invoquait chez moi. Je me suis alors mise à écrire *« saint, parfait, puissant etc. »*. En voyant cela, il m'a dit que tous mes adjectifs pour qualifier Dieu étaient justes, mais les mots utilisés alimentaient le sentiment de rejet, de tristesse, de frustration et d'amertume qui m'habitait. Pourquoi? Parce que mon âme blessée trouvait cela difficile d'être *«saint, parfait, puissant, etc. »*. Il m'a aidée à donner d'autres adjectifs moins « imposants » tels que: *«amour, bonté, compatissant»*. Nous sommes arrivés à la conclusion qu'en voyant Dieu comme un être rempli d'amour, de bonté et de compassion, il était plus facile pour mon âme de me visualiser comme une personne remplie d'amour, de bonté et de compassion.

Lors de cette rencontre, j'avais l'impression que mon Pasteur avait mis un projecteur devant mon cœur et me permettait de voir, grâce à cet écran supplémentaire, l'état de mon cœur. J'ai alors compris que je devais changer ma manière de voir les choses, de voir Dieu. Dieu n'est pas un être qui réside loin de nous. Bien au contraire, il est proche et lorsque nous le cherchons de tout notre cœur, il se manifeste.

Avoir la foi en Jésus-Christ c'est bien, mais développer une relation avec Lui c'est encore mieux. Or, lorsque l'on parle de relation, il est essentiel de comprendre que ce n'est jamais à sens unique. Chacun de nous a un rôle à jouer. Imaginez que vous soyez dans une relation avec une tierce personne et que celle-ci ne prenne jamais de vos nouvelles, ne se confie jamais à vous, ne vous manifeste pas de l'intérêt… Comment vous sentiriez-vous?

Pas bien n'est-ce pas? La relation avec Dieu répond au même principe. Nous pouvons croire qu'il est bon, amour et pur, mais si on ne se confie jamais en lui, si on ne prend jamais de ses nouvelles, la relation n'aura pas lieu. Ainsi, lorsque je parle d'une relation avec Dieu, je parle en fait de chercher à connaître Dieu. C'est au travers de notre relation avec Dieu que nous comprendrons la valeur de notre vie.

D'ailleurs, mon père spirituel m'a également expliqué que, quand bien-même nous avons accepté Jésus comme Seigneur et Sauveur, nous oublions souvent de travailler notre âme. En effet, plusieurs drames, circonstances et événements peuvent blesser notre âme. Elle accumule plusieurs émotions et sentiments négatives qui, s'ils ne sont pas traités, deviennent des forteresses qui freinent notre croissance spirituelle. Pour me relever et accomplir le plan merveilleux de Dieu pour ma vie, il était nécessaire pour moi de *travailler mon âme.*

Tout comme vous, j'ai été surprise par ce terme. Je pensais qu'il suffisait de venir à Christ, recevoir la délivrance de notre vie passée et *hop!*, nous voilà saint et prêt pour le paradis! Mais non, Dieu étant un Dieu de principe, la vie chrétienne n'est pas servie sur un plateau d'argent. Comme dans chaque chose, il faut travailler pour en voir les fruits. C'est une loi de Dieu. Prenons l'exemple d'un joueur de soccer qui veut devenir un athlète professionnel de haut niveau. Pour arriver à ce résultat, il doit adopter une hygiène de vie qui est saine; donc qui consiste à manger sainement, dormir un minimum de 8h par nuit et surtout pratiquer afin de se perfectionner au soccer. Maintenant, appliquons le même principe au niveau de l'âme. Si vous voulez atteindre une maturité au niveau de votre âme car vous réalisez qu'il y a en vous des blessures non cicatrisées, des deuils non faits, il est nécessaire de travailler comme cet athlète à veiller sur votre cœur et sur vos émotions.

« Garde ton cœur plus que toute autre chose, Car de lui viennent les sources de la vie.» proverbes 4 :23

Comme nous pouvons le lire dans ce proverbe, il est primordial de faire attention à son cœur, de le protéger. Certains d'entre nous le traitent comme une poubelle; ils vivent dans le déni, acceptent d'être dénigrés et dévalorisés parce qu'ils ne connaissent pas leur valeur. Et lorsque ce cœur commence à pourrir, ils s'étonnent de mal aller. Pour ne pas en arriver là, il est important de faire le tri de ce que l'on laisse entrer dans ce trésor qui est notre cœur.

Rééduquer son âme, c'est prendre conscience de son importance et donc de lui apprendre à refuser les choses qui viennent la blesser et la meurtrir. C'est aussi la mettre sous discipline afin d'éviter les excès dans tous les domaines de nos vies.

CHAPITRE 7

Mobiliser les ressources

« Deux hommes associés valent mieux qu'un seul. À deux, ils obtiennent un meilleur résultat pour leur travail » Ecclésiaste 4 :9

Quand je travaillais auprès d'une clientèle en situation d'itinérance, je voyais beaucoup d'hommes et de femmes venir demander aux intervenants de l'aide pour faire une démarche de logement, de désintoxication ou encore de thérapie en lien avec leur trouble de santé mentale. Je me rappelle spécifiquement d'un homme, qui était venu me voir pour me dire: *« Madame, ça ne va pas du tout ! j'ai besoin d'aller en désintoxe. Pouvez-vous s.v.p m'aider, sinon je risque de faire une erreur. »* J'ai aidé le monsieur dans sa requête. Mais, j'ai surtout admiré son courage. Le courage de crier *« au secours »* !

L'autre solution pour obtenir la guérison émotionnelle, c'est de demander de l'aide.

Quand j'ai pris conscience de mon mal-être, j'ai cherché du soutien, parce que je savais que c'était contre nature que de vivre dans de telle condition. Si vous aussi, vous êtes rendus dans votre phase de mobilisation des ressources disponibles autour de vous pour aller mieux, voici quelques portes où aller sonner!

Le rôle de la famille nucléaire

Le noyau familial est la base de sécurité de chaque individu. C'est au sein de notre famille que l'on fait l'expérience de la socialisation pour la première fois. Ainsi, la famille peut être un soutien quand elle n'est pas dysfonctionnelle. Elle peut être une porte dans laquelle sonner pour obtenir de l'aide. Pour ma part, j'ai une bonne relation avec mes parents, mes frères et sœurs. Je sais qu'ils m'aiment et je les aime également.

Mes parents, mes frères et sœurs sont des personnes qui ont toujours fait partie de ma vie et dont la présence me rassure. La séparation que j'ai vécue avec mes parents a certes été difficile et cela m'a amenée à intérioriser beaucoup de choses pour ne pas les inquiéter ni les attrister. Il était donc plus facile pour moi de chercher de l'aide à l'extérieur de ma famille nucléaire, car une personne extérieure aurait assez de distance pour me soutenir. Ce n'est pas toujours facile de demander de l'aide auprès de sa famille. Non pas parce qu'elle est en incapacité de le faire, mais parce que la proximité est tellement présente que le soutien peut en devenir difficile. Il est donc important de mobiliser des ressources autres que familiales telles que des mentors, des amis en qui nous avons confiance, des conseillers ayant vécu la même chose afin de nous aider, etc.

Le rôle des amis

Dans la Bible, plusieurs passages nous présentent les bienfaits de la communion fraternelle. L'un des passages qui m'a le plus marquée, est *Proverbes 17: 17*

«L'ami aime en tout temps, et dans le malheur il se montre un frère ».

N'est-ce pas merveilleux? La Bible nous parle d'avoir à nos côtés des amis qui nous manifeste un amour inconditionnel, indépendamment des saisons et des circonstances. Un amour compatissant, dont les liens se resserrent lorsque nous traversons la vallée de l'ombre de la mort…

L'amitié est donc importante dans nos vies. Elle nourrit notre âme et les autres nous servent de miroir.

Comme le mentionne Aurélie Nseme, dans son livre « Choisie » à la page 135: «que ce soit en amitié, une relation amoureuse ou encore une relation d'ordre professionnel ou ministériel, toute relation a le potentiel de nous amener bien plus loin dans notre destinée».

J'ai un cercle d'amis très restreint, mais tellement présents. Je sais que je peux compter sur eux. Quand je n'allais pas bien, mes amies m'ont soutenue par des prières et des encouragements. Je me rappelle qu'un jour, j'ai confié à mes deux amies les plus proches que j'avais des pensées suicidaires. Non seulement elles m'ont encouragée et prié pour moi mais chaque jour, je recevais des messages de leur part afin de vérifier si j'allais bien. Elles ont fait preuve de bienveillance, d'amour et de douceur à mon égard. Elles m'ont fait réaliser que j'étais aimée non pas uniquement par Dieu ni par ma famille nucléaire, mais par elles également. Aujourd'hui, je les chéris plus que jamais, car elles sont précieuses à mes yeux, telles des framboises au supermarché.

Le rôle des parents spirituels

Les parents spirituels sont des personnes qui vous encadrent en dehors de vos parents biologiques. Vous savez que vous pouvez faire appel à eux; et dans leur sagesse, ils peuvent vous conseiller et vous accompagner.

Ils peuvent vous présenter des outils que vous n'avez pas forcément à votre disposition pour aller mieux. En ce qui me concerne, mes pasteurs, Huguette et José Bro m'ont été d'un grand soutien. Ce sont mes parents spirituels qui m'aident à grandir dans ma relation avec

Dieu. Ils me conseillent, me soutiennent dans la prière et m'enseignent. Ils arrivent à voir le potentiel qui est en moi et m'exhorte constamment. Quand j'étais dans ma phase dépressive, ils m'ont soutenue, m'ont recueillie dans leurs bras d'amour en m'écoutant et en m'accompagnant. Je me rappelle que je prenais souvent rendez-vous avec mon Pasteur pour discuter de mes états d'âme et des solutions. Le Pasteur José Bro m'a enseignée sur l'âme et sur comment guérir des blessures émotionnelles. Maman Huguette m'a écoutée sans jugement quand je lui avais parlé de l'agression sexuelle que j'avais subie pendant l'enfance. Elle m'a exhortée à pardonner et à ne plus vivre dans la culpabilité. Chacun, à sa manière, a contribué à ce que je devienne la femme épanouie que je suis maintenant. Je leur suis reconnaissante parce qu'ils sont une vraie bénédiction pour ma vie.

Le rôle de la communion fraternelle

J'ai la grâce aussi de faire partie d'une église qui regorge de personnes extraordinaires. Pas parfaites, mais assez disponibles pour aider. Étant de nature discrète sur ma vie personnelle, je n'ai pas abordé mes difficultés avec toute mon assemblée *(rassurez-vous!)*, mais trois personnes ont joué un rôle fondamental qui m'a été d'un grand soutien. La responsable de la jeunesse de mon église a joué un rôle de mentor, d'une grande sœur qui m'a soutenue dans la prière. J'ai suivi des séances de coaching avec elle, et dans ces séances, il y a eu un échange de témoignage. Je me retrouvais dans son histoire et j'admirais son courage, d'être devenue cette femme courageuse et tellement remplie d'assurance. Elle m'a aidée à travailler l'estime de moi-même et à gagner en assurance.

Puis, il y a eu ce frère de l'église qui, sans être au courant des évènements que j'avais vécus dans ma vie, a été présent dans ma phase dépressive. Il m'a offert un espace pour m'exprimer et m'a écoutée me plaindre du fait que j'étais épuisée et déçue de « la vie ».

Enfin, il y a eu cette sœur qui, lorsque je lui ai parlé de mon livre, n'a pas hésité à me challenger et à croire en ce projet.

Alors, il est important de mobiliser les ressources autour de soi afin d'aller mieux. Ne restez pas pris avec votre mal-être, mais allez chercher de l'aide. Une personne forte n'est pas celle qui cache ses faiblesses mais c'est celle qui fait face à ses difficultés et qui se relève. Autour de vous, il y a surement des personnes de confiance à qui vous pouvez demander de l'aide. N'hésitez pas à sortir aussi de votre cercle restreint. Il n'y a pas que la famille nucléaire ni les amis proches qui peuvent aider. Mais, Dieu peut utiliser n'importe qui, n'importe quelle circonstance ou événement pour vous guérir, car c'est au travers d'autres personnes qu'Il agit.

CHAPITRE 8

Le travail personnel & l'intimité avec Dieu

« Chercher Dieu, c'est la foi, le trouver c'est l'espérance, le connaître c'est l'amour, le sentir c'est la paix, le goûter c'est la joie, le posséder c'est l'ivresse »
Marthe Robin

Comme je l'ai mentionné auparavant, c'est ma foi en Jésus-Christ qui m'a sauvée, mais ma relation avec ce dernier m'a permis de retrouver une vie épanouie. Par relation, je parle d'intimité, de communion avec Dieu. Pour être la femme que je suis aujourd'hui, j'ai dû faire un travail personnel dans mon intimité avec Dieu. Par-là, j'avais commencé à passer plus de temps dans la prière et dans la méditation des Saintes Écritures. Plus je me rapprochais de Dieu et plus je réalisais que ce que j'avais vécu ne me définissait en rien. Certes, cela faisait partie de mon histoire, de mon parcours de vie, mais cela n'était pas mon identité. Mon identité se trouve en Jésus-Christ.

Au travers de mon Pasteur, j'ai compris que peu importe les circonstances de ma venue sur terre, Dieu m'a désirée. Il a voulu que je sois sur cette terre et cela, n'est pas un hasard.

Le désir de Dieu

Dieu nous manifeste son désir de nous voir accompli en lui dans plusieurs versets de la Bible. Mais, Jérémie 1:4-5, nous enseigne qu'avant la fondation du monde, Dieu nous connaissait et nous avait choisi :

« La parole de l'Éternel me fut adressée, en ces mots : Avant que je t'eusse formé dans le ventre de ta mère, je te connaissais, et avant que tu fusses sorti de son sein, je t'avais consacré, je t'avais établi prophète des nations »

Une autre version de la Bible dit que *«avant de te former dans le ventre de ta mère, je te connaissais. Avant ta naissance, je t'ai choisi pour me servir. J'ai fait de toi mon porte-parole auprès des peuples.»*

Autrement dit, Dieu nous apprend par ce verset qu'avant même notre conception, Il nous connaissait! Pendant la gestation, Il avait déposé des dons et des talents en nous afin que nous soyons des porte-paroles pour son peuple. Pour certains, cela se manifeste par un don d'enseignement, pour d'autres, c'est l'adoration par la danse, etc.

Lorsque nous regardons de près le processus de la fécondation, nous réalisons que Dieu nous a désirés, avant même nos parents. La fécondation a lieu lorsqu'un spermatozoïde et un ovule se rencontrent. Ceci n'est possible qu'aux alentours de l'ovulation de la femme. Avant la fécondation, les scientifiques parlent d'une « course à l'ovule ». Effectivement, une course s'installe entre des millions de spermatozoïdes afin de féconder l'ovule. Parmi ces millions de spermatozoïdes, un seul va réussir à rencontrer le gamète femelle. [18]

---

[18] Gauthier, VANDENBOSSCHE. (2016). *La fécondation et ses étapes.* https://www.gynandco.fr/la-fecondation-et-ses-etapes/

N'est-ce pas impressionnant? Lorsque mon pasteur m'a expliqué cela, j'ai compris que malgré le fait que mes parents n'avaient pas prévu ma grossesse, Dieu lui m'avait prévue. Dieu me désirait. Cette réalisation fut une première étape vers la guérison. Alors, j'ai envie de vous dire chers lecteurs et chères lectrices que Dieu vous a désirés. Même si vous n'avez pas été prévus, sachez que Dieu vous a prévus. Même si vos parents voulaient avoir un garçon, sachez que Dieu vous voulait comme fille. Chères lectrices, même si vous vous sentez rejetées et seules au monde, Dieu vous a choisies. Vous transportez en vous l'ADN du Très-Haut! Quand j'ai réalisé cela, j'ai commencé à marcher la tête haute. L'amour que Dieu a pour chacun de nous ne s'arrête pas ici. Il est allé jusqu'à la mort pour nous montrer son désir et son amour pour nous..

Mon intimité avec Dieu m'a également permis de comprendre l'œuvre de la croix, autrement dit, le sacrifice de Jésus sur la terre.

L'œuvre de la Croix

La Bible nous dit dans Jean 3:16 :

« Car Dieu a tant aimé le monde, qu'Il a donné son fils unique afin que quiconque croit en lui ne périsse point, mais qu'il ait la vie éternelle. »

Jésus s'est livré âme et corps à la croix afin que nous puissions accomplir le plan divin de Dieu. Ce sacrifice fut très couteux pour Jésus puisque nous pouvons lire dans Luc 22:41-42 :

« Puis, il s'éloigna d'eux à la distance d'environ un jet de pierre, et, s'étant mis à genoux, il pria disant : Père, si tu voulais éloigner de moi cette coupe! Toutefois, que ma volonté ne se fasse pas, mais la tienne. Alors un ange lui apparut du ciel, pour le fortifier »

Ainsi, nous voyons que Jésus était éprouvé, mais il a tenu bon et s'est sacrifié par amour. En tant que personne sauvée, il est de notre ressort de nous rappeler de cette œuvre salvatrice.

Derek Prince, aborde six raisons pour lesquelles nous avons besoin de garder la vision de la croix au centre de notre vie. Voyons en quelques-unes:

Le sacrifice unique et complet de Jésus sur la croix répond à chaque besoin de chaque être humain

« C'est par une seule offrande, il a rendu parfait à perpétuité ceux qui sont sanctifiés » Hébreux 10 :14 Le besoin de chaque être humain, c'est d'être sauvé. Derek Prince relate dans son ouvrage par sa mort sacrificielle sur la croix, Jésus a pourvu à chaque besoin de l'être humain de manière entière et parfaite. Ainsi, l'Homme ne manquera de rien en tout temps, en tout lieu et cela pour l'éternité.

Le sacrifice unique et complet de Jésus sur la croix donne accès à la grâce surnaturelle de Dieu

« Car c'est par la grâce que vous êtes sauvés, par le moyen de la foi. Cela ne vient pas de vous, c'est un don de Dieu » nous dit la Bible dans Éphésiens 2:8. Le sacrifice de Jésus sur la croix nous donne une grâce surnaturelle de Dieu et cette grâce est libérée dans tous les domaines de notre

vie. C'est donc par grâce que Dieu nous permet de surmonter des épreuves. Je rends grâce à Dieu de m'avoir ouvert les yeux sur son sacrifice à la croix, car en prenant conscience de la profondeur de l'amour de Dieu pour ma vie, je réalise désormais que je suis aimée, je suis choisie, je suis désirée et bénie par le précieux nom de Jésus-Christ. Que cela soit votre partage aussi![19]

Le sacrifice de Jésus est venu nous libérer de toute condamnation

Romains 8:1 nous dit qu'*«Il n'y a donc maintenant aucune condamnation pour ceux qui sont en Jésus-Christ»*.

En donnant sa vie pour nous, Jésus nous a rendus libres de toute condamnation. Nous n'avons plus à vivre sous le joug de l'ennemi ni de la culpabilité. Lorsque j'ai réalisé que le sacrifice de Jésus me libérait du sentiment de rejet, de la tristesse chronique et de la dépression, j'ai commencé à chercher ardemment la guérison. Comme le psalmiste

[19] https://derekprince.fr/wp-content/uploads/2015/04/La-croix-incontournable-EBOOK.pdf

David, j'ai soupiré après Dieu:
« Je dis: Éternel, aie pitié de moi! Guéris mon âme! car j'ai péché contre toi. » Psaumes 41:4

Le rôle du Saint-Esprit dans notre vie

Non seulement Dieu est mort pour nous mais il nous a laissé le plus beau des cadeaux: la présence du Saint-Esprit. Dans son texte «Qui est le Saint-Esprit?», Reinhard Bonnke, un missionnaire évangélique allemand, explique que le Saint-Esprit est Dieu en action sur terre. N'est-ce pas extraordinaire?

La Bible nous enseigne que notre corps est le temple du Saint-Esprit (1 Corinthiens 6:19). Autrement dit, Dieu réside en chacun de nous. Lorsqu'un individu accepte Jésus-Christ comme son Seigneur et son Sauveur, celui-ci reçoit un baptême d'eau mais aussi un baptême du Saint-Esprit. Le baptême du Saint-Esprit réfère à une expérience de renouvellement spirituel, par laquelle une personne est baptisée (immergée, remplie) du Saint-Esprit.[20]

---

[20] Wikipédia. (s.d.) *Baptême du Saint-Esprit* .
https://fr.wikipedia.org/wiki/Baptême_du_Saint-Esprit

Reinhard Bonnke relate dans son texte que le Saint-Esprit est à l'origine de toutes les expériences que les chrétiens font, comme par exemple, le pardon, la réponse à la prière, la confiance, la foi, les guérisons, etc. Les signes sont les œuvres de Dieu accomplies par le Saint-Esprit. Dieu, est à l'œuvre par le Saint-Esprit. Effectivement, tout ce qu'il fait ici-bas, en dehors du ciel, est accompli par l'Esprit. [21]

Ainsi, lorsqu'un individu est baptisé du Saint-Esprit, il reçoit une puissance qui lui permet d'expérimenter les merveilles de Dieu. Le Saint-Esprit en nous joue plusieurs rôles. Voyons en quelques-uns.

Il produit l'assurance de la vraie conversion

Dans Romains 8:16, nous pouvons lire « *L'Esprit lui-même rend témoignage à notre esprit que nous sommes enfants de Dieu* »

Comme le dit la parole, le Saint-Esprit, vient

---

[21] Reinhard, BONNKE. (s.d.). *Qui est le Saint- Esprit ?*. EMCI TV. **https://emcitv.com/reinhard-bonnke/texte/qui-est-le-saint-esprit-2804.html**

confirmer notre identité en Christ. Il produit en nous l'assurance de la vraie conversion.[22] Lorsque nous avons la conviction que nous sommes sur le bon chemin, alors les difficultés deviennent plus faciles à surmonter.

Il nous enseigne toutes choses

Le Saint-Esprit vient renouveler notre intelligence et changer notre système de pensée. Il est celui qui nous permet de distinguer le vrai du faux et le bien du mal. Non seulement il nous enseigne toutes choses, mais il nous rappelle aussi les promesses de Dieu pour nos vies. Nous pouvons lire dans Jean 14:26 :«*Mais le consolateur, l'Esprit Saint, que le père enverra en mon nom, vous enseignera toutes choses, et vous rappellera tout ce que je vous ai dit*».

Il produit en nous l'amour et le fruit spirituel

Le Saint-Esprit vient répandre l'amour de Dieu. C'est cet amour qui nous remplit

---

[22] Jonas, CROISSANT. (2017). *40 versets bibliques : l'action du Saint Esprit*. *https://www.connaitrepourvivre.com/single-post/versets-bibliques-sur-action-saint-esprit-en-nous*

lorsque nous faisons face aux difficultés. C'est cet amour qui ôte le sentiment de rejet en nous, car il nous fait prendre conscience de l'amour du Christ. Cet amour produit en nous l'espérance d'une guérison et d'une restauration. En effet, « *l'espérance ne trompe point, parce que l'amour de Dieu est répandu dans nos cœurs par le Saint Esprit qui nous a été donné.* » Romains 5:5

Le Saint-Esprit produit également en nous, le fruit spirituel. Nous lisons dans Galates 5:22 : « *Mais le fruit de l'Esprit, c'est l'amour, la joie, la paix, la patience, la bonté, la bénignité, la fidélité, la douceur, la tempérance.* »

Comme c'est merveilleux! Au travers du Saint-Esprit, nous avons la capacité de manifester ces bons fruits qui sont délicieux à manger mais encore plus à partager!

<u>Le Saint-Esprit produit en nous la justice, la paix et la joie</u>

Enfin, le Saint-Esprit nous communique la paix et la joie du Christ. Il est celui qui nous rend justice.

« Car le royaume de Dieu, ce n'est pas le manger et le boire, mais la justice, la paix et la joie, par le Saint Esprit » Romains 14:17

Le Saint-Esprit est merveilleux et il accomplit des prodiges dans nos vies. J'ai abordé le sujet de l'œuvre de la croix et du rôle du Saint-Esprit afin de vous encourager à voir plus loin que votre douleur, afin que vous puissiez croire à cette seconde chance que Dieu vous donne. Je ne peux parler de restauration et de guérison sans mentionner celui qui guérit.

Le pardon

Enfin, dans le processus du travail personnel, j'ai appris à pardonner aux personnes qui m'avaient blessée. Le manque de pardon est un poison qui nous dévore de l'intérieur. Afin de pleinement profiter de la guérison, il est important de pardonner. De pardonner non seulement les autres, mais de se pardonner aussi afin d'aller de l'avant.

CHAPITRE 9

Apprendre de ses erreurs

«Souviens-toi de tes erreurs, et la clémence guidera tes jugements.» Romain Guilleaumes

Lorsque j'étais au Cégep, je faisais du bénévolat dans une prison pour hommes à sécurité moyenne. Un jour, j'ai eu l'opportunité de discuter avec un homme qui a purgé une peine de 25 ans pour un délit qu'il avait commis. Il lui restait quelques années à faire encore en prison. Lors de notre discussion, il m'a expliqué que dans les murs de cette prison, il a fait une rencontre extraordinaire: Dieu. Dès lors, il s'est repenti de ses erreurs et a décidé d'appliquer ce que la Bible nous recommande.

Comme ce monsieur, nous faisons tous des erreurs dont les conséquences sont variables, dépendamment de la gravité de nos fautes. Mais, une chose que j'admire chez certaines personnes, c'est leur capacité à ne plus reproduire les mêmes erreurs. En travaillant sur moi-même, j'ai compris que malgré tout ce que j'avais pu vivre, mon erreur a été de m'abandonner moi-même. Ma part de responsabilité a été d'accepter toutes les choses que j'avais vécues. Je me voyais comme une victime de la vie. Or, Dieu me dit dans la Bible que je suis victorieuse, que j'ai de la valeur à ses yeux et que je suis une créature merveilleuse!

Wow! Depuis lors, je me vois comme Dieu me voit et je déclare ce que Dieu dit de moi dans Sa parole. Comme ce monsieur en prison, j'ai appris de mes erreurs. J'ai appris à ne plus me voir en victime, mais en vainqueur. J'ai appris à pardonner, mais surtout, j'ai appris à compter sur Dieu. Désormais, je ne m'abandonnerai plus. Je pardonnerai tant et aussi longtemps qu'il le faudra. Désormais, je donnerai de l'amour à ceux que Dieu mettra sur mon chemin, car je refuse d'être un instrument de destruction.

Alors, vous aussi apprenez de vos erreurs et allez de l'avant.

CHAPITRE 10

Redonner aux suivants

«L'âme bienfaisante sera rassasiée, Et celui qui arrose sera lui-même arrosé. » Proverbes 11:25

Pendant mon baccalauréat, j'avais un cours en criminologie et dans ce cours, on visionnait la vidéo des victimes d'un acte criminel pardonner à leurs agresseurs et devenir des bénévoles auprès des personnes victimes des mêmes actes qu'eux. La raison pour laquelle ils faisaient cela, c'est parce qu'ils voulaient être pleinement libres de leurs souffrances et le fait d'aider d'autres personnes leur a servi de thérapie en quelque sorte.

Maintenant que vous avez identifié le mal qui était en vous, et que vous êtes en processus de guérison, il est important de redonner au suivant, de faire bénéficier à autrui votre expérience en les aidant à surmonter leurs épreuves et à aller de l'avant. Venir en aide aux personnes qui sont passées par les mêmes difficultés que vous, vous permet d'aller de l'avant également. Maintenant que je vais mieux, je ressens le besoin de partager mon histoire, de soutenir toutes ces femmes au cœur brisé et de leur présenter les solutions qui ont fonctionné pour moi. J'ai tout simplement envie d'aider, comme j'ai été aidée. J'ai envie de faire une différence et d'être une agente de changement. Alors pour clore votre processus de guérison, n'hésitez pas à donner au suivant.

CONCLUSION

Au travers de ce livre, j'ai voulu raconter mon histoire et présenter des solutions aux personnes qui, comme moi, étaient brisées et avaient besoin de restauration.

En écrivant ce livre, je sentais une vraie libération, car pendant longtemps, j'ai enfoui beaucoup de choses en moi et il était temps que cela sorte. Je tiens tout de même à rappeler que malgré le fait que je me sente bien à présent, malgré le fait que je sois une femme épanouie maintenant, je continue à veiller sur mon âme. Pourquoi?

Parce que rien n'est acquis sur cette terre et la restauration est un processus qui peut prendre du temps. Il faut donc faire preuve de patience. Pendant que j'écris ces lignes, je suis encore en train d'être restaurée; l'Esprit de

Dieu est encore en train d'agir. Alors gardez une certaine vigilance, ne vous dites pas *« ça y est, je suis passé à autre chose, je n'aurais plus jamais mal à mon cœur »*, ce serait un mensonge si je vous faisais croire une telle chose.

Il y aura toujours des choses qui viendront vous toucher, mais avec les solutions présentées ici, vous saurez comment ne pas laisser ces choses vous anéantir.

Rappelez-vous une chose: «Jésus-Christ vous aime et son amour est infini. Il a mis en vous toutes les dispositions pour que vous soyez épanouis et libres de tous fardeaux. Je vous encourage à le chercher et si vous ne savez pas par où commencer, dites simplement: « Bonjour Jésus, je m'appelle x! Qui es-tu? » Vous verrez ce qu'Il fera par la suite….

Rappelez-vous également que: *« Dieu n'a jamais permis que tu passes par une épreuve que tu n'étais pas capable de gérer. Dieu t'a fourni tout le nécessaire. Il t'a donné le pouvoir dont tu as besoin pour décrocher la Victoire »* Kathryn Kuhlman

Enfin, j'aimerais que vous fassiez cette prière avec moi:

«Seigneur, tu connais mon âme. Tu connais mes difficultés, mes peurs, mes questionnements. Tu vois ma souffrance et mon désarroi. Je prie que tu viennes panser mes blessures, que tu me décharges de tous mes fardeaux. Esprit de consolation, je fais appel à toi pour apporter la guérison dans mon âme et dans mon corps. Restaure-moi afin que des flots d'eau vive jaillissent de mon sein, et qu'à mon tour, je devienne un instrument de bénédiction et de gloire entre tes mains au nom de Jésus-Christ j'ai prié. Amen!»

Si vous avez des questions ou si vous avez besoin d'être accompagné pour saisir votre guérison, alors je vous invite à m'écrire et cela me fera plaisir de prendre un café avec vous!

À très prochainement…

Pour tout commentaire ou témoignage concernant ce livre, s'il-vous-plaît écrivez à :

graciamassam@outlook.com

(L)

LORDSON ÉDITIONS

©2020, Lordson Éditions

Bibliographie

Bonnke, R. (s.d.). *Qui est le Saint- Esprit ?*. EMCI TV. **https://emcitv.com/reinhard-bonnke/texte/qui-est-le-saint-esprit-2804.html**

Buis, J-C. (s.d.). *3 éléments qui nous empêchent d'avoir des relations vraies* . EMCI TV. **https://emcitv.com/jean-claude-buis/texte/le-rejet-1913.html**

Croissant, J. (2017). *40 versets bibliques : l'action du Saint Esprit.* https://www.connaitrepourvivre.com/single-post/versets-bibliques-sur-action-saint-esprit-en-nous

Encyclopédie sur le développement des jeunes enfants (2015). *Relations entre pairs.* **http://www.enfant-encyclopedie.com/sites/default/files/dossiers-complets/fr/relations-entre-pairs.pdf**

Josselin (2007, 06 août). *La pyramide de Maslow : obtenir ce que l'on veut avec la loi d'attraction.* Réussite Personnelle. **https://www.reussite-personnelle.fr/pyramide-de-maslow-obtenir-lon-veut-**

loi-dattraction/

Institut national de santé publique . (2001-2019).
Trousse Média sur les agressions sexuelles .
https://www.inspq.qc.ca/agression-sexuelle//les-
agressions-sexuelles-de-quoi-parle-t-on

National agency for innovation and research (s.d.).
Pyramide de Maslow = Hiérarchisation des besoins.
https://www.danamase.com/pyramidedemaslow-
fr.pdf

Nseme, A. (2019). *Choisie.*

Pédiatrie social en communauté (s.d.). *Besoins des
enfants.*
https://pediatriesociale.fondationdrjulien.org/apropo
s/la-pediatrie-sociale/que-fait-la-pediatrie-sociale-en-
communaute/

Pernoud, L. (s.d.). *In utero, le fœtus se développe en lien
avec les émotions de sa mère.*
https://www.laurencepernoud.com/grossesse/psychol
ogie-femme-enceinte/in-utero-foetus-se-developpe-en-

lien-avec-emotions-sa-mere.html#

Point d'appui, centre d'aide et de prévention des agressions à caractère sexuel (s.d.). *8 formes d'agressions à caractère sexuel.* **https://www.pointdappui.org/RadFiles/Documents/8 formes d agressions sexuelles.pdf**

Prince, D. (2000). *La croix, incontournable!* Derek Prince Ministries. **https://derekprince.fr/wp-content/uploads/2015/04/La-croix-incontournable-EBOOK.pdf**

Prince, D. (1970 , 1 janvier). *Du rejet à l'acceptation.* **https://derekprince.fr/du-rejet-a-lacceptation2/**

Radio- Canada . (2019). *Toutes les 40 secondes, une personne met fin à ses jours, dit l'OMS.* **https://ici.radio-canada.ca/nouvelle/1292121/sante-suicide-prevention-strategies-oms**

Richard, T. (2017). *L'homme est un être de raison…et d'émotions!* http://makingblog.sciencescom.org/phi-time/2017/12/04/lhomme-etre-de-raison-demotions/

Sevin, N. (2014, 17 novembre). *Naître sans avoir été désiré*. Prévention santé. **https://www.prevention-sante.eu/psychologie/naitre-avoir-ete-desire**

Vandenbossche, G. (2016). *La fécondation et ses étapes.* **https://www.gynandco.fr/la-fecondation-et-ses-etapes/**

Wikipédia. (s.d.) *Baptême du Saint-Esprit* . **https://fr.wikipedia.org/wiki/Baptême du Saint-Esprit**